64种逆思维

帮你从社交坏情绪中轻松脱困

[日] 耶六（Jam）/ 著　[日] 名越康文 / 监制　寿梦丽 / 译

多分そいつ、今ごろパフェ
とか食ってるよ

北京时代华文书局

人生中会发生很多事情

生活中存在我们讨厌的人

也存在不讲道理的人

有时能感受到别人的幸福

被生活得很充实的人感动
休息1回合

有时会在乎周围人的眼光

有时会责备自己

被别人说了坏话
连续 3 回合
只能前进 1 格

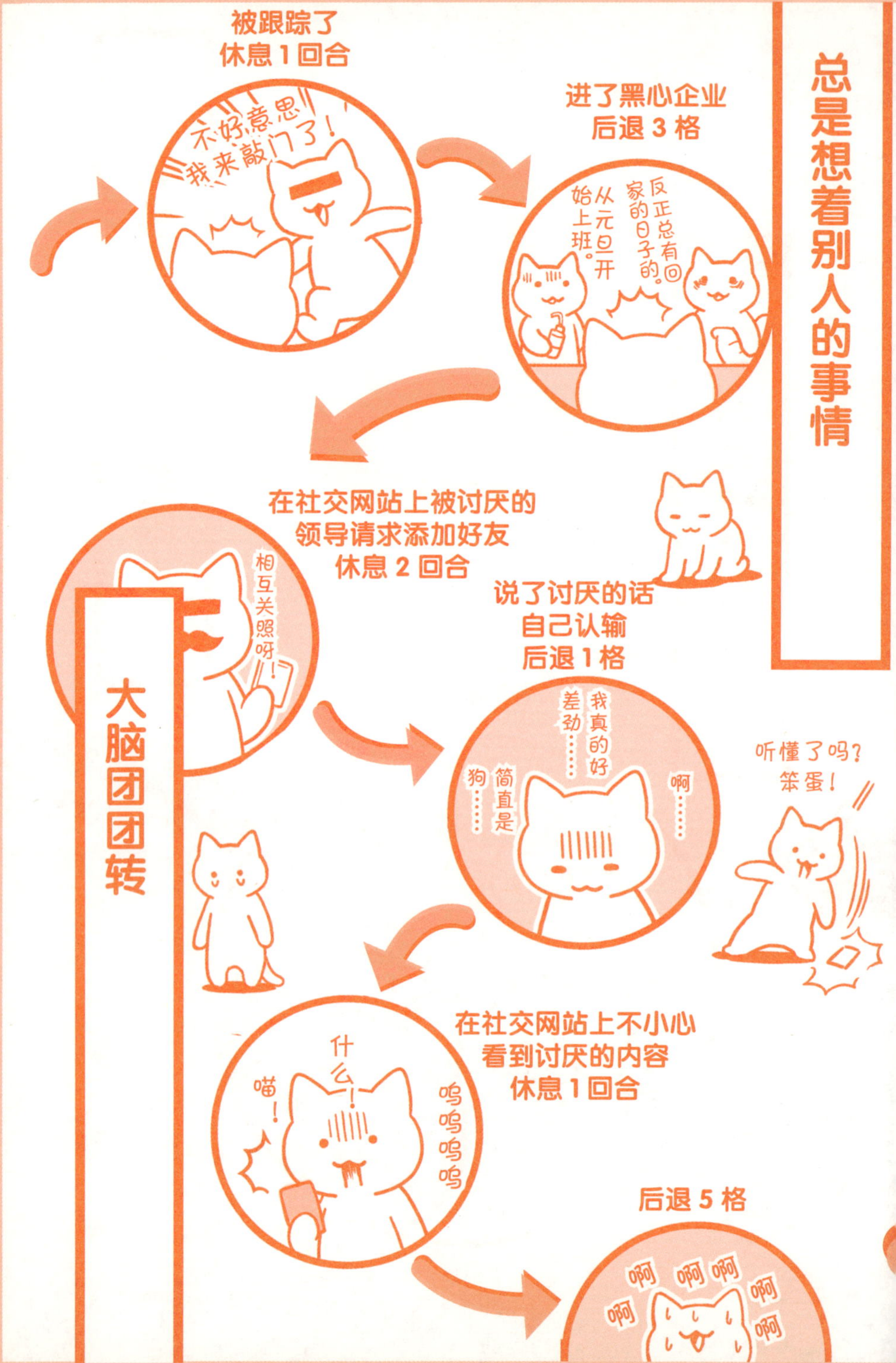

总是想着别人的事情
被跟踪了
休息1回合
不好意思
我来敲门了！
进了黑心企业
后退3格
反正总有回家的日子的。
从元旦开始上班。
在社交网站上被讨厌的
领导请求添加好友
休息2回合
相互关照呀！
大脑团团转
说了讨厌的话
自己认输
后退1格
我真的好差劲……
啊……
简直是狗……
听懂了吗？
笨蛋！
在社交网站上不小心
看到讨厌的内容
休息1回合
什么！
喵！
呜呜呜呜
后退5格
啊啊啊啊
啊啊
啊啊

但是……

通过转变一种思考方式

也许就可以
消除烦恼了呢？

写在前面

常言道：人生如戏。有人擅长做戏，也有人不擅长。

你若问我是否是轻车熟路、睿智地做戏到如今，我只能说我是个配角。

数不清有多少次了，我也为自己为何如此不擅长做戏感到沮丧。

我想，像我这样的人，在这个世界上应该还有许多许多。

最近几年，社交网站的普及给人们带来了便利，同时也带来了一些前所未有的烦恼。

比如，人们越来越没有隐私。以前只可能在认识的人之间发生的纠纷，现在和不认识的人之间也会发生。

除此之外，现实中的人际关系仍然需要处理。

相对来说，生活在这个时代的人的烦恼，比以前的人多很多。

所以，有的时候心情很容易不好。（笑）

自我介绍晚了……初次见面，我叫Jam。

我是一个一边免费做游戏美术设计，一边画漫画和插图的人。

我曾经是个烦恼非常多的人。

因为想从那些痛苦中解脱，于是我读了心理学和哲学方面的书，也想了许多办法，进行了各种尝试，但还是难以获得解脱……

有一次，我在人际关系方面发生了比较讨厌的事，为此我深感烦恼。我的一个朋友对我说："也许那家伙现在正在吃冰淇淋呢！"

我一边情不自禁地回应说"是在吃冰淇淋吧"，一边笑了起来。那一瞬间，有很多事情像放电影一样在我的脑海里闪过，哗啦哗啦……

"对方可能正在开心地享受冰淇淋，根本没有在意这件事。"

"只有我一个人像个傻瓜一样在烦恼。"

“对方也许根本不在意你的烦恼。”

我脑子里“咚”的一声，突然想通了，不再感到烦恼。（笑）

我画漫画的契机，一开始是想给身边的朋友看。

我身边有很多人总觉得内心十分疲惫，我希望他们看完漫画后，能在推特上写：“看完这个我变得轻松了。”

后来，除了我身边的人，还有许多其他人也给了我反馈，我感到非常惊喜。我终于知道，原来许多人有相同的烦恼，于是继续画了下去。

在这本书中，我一共写了64个摆脱不开心的小技巧。我不是什么专家或伟大的老师，也不会说什么很智慧或很深奥的话，但正因如此，希望你能轻松地读完这本书。

如果阅读这本书能让你的心情稍微放松一点儿，起到保护自己的作用 ，我会感到非常开心。

目 录

第一章
社交网站的烦恼

第二章

人际关系的烦恼

第三章
职场的烦恼

第四章

自己的烦恼

第一章

社交网站的烦恼

1 不得不回应的消息太多了

对于社交网站上的评论和跟帖，一想到每一个都必须回复，你会不会觉得很累？因为给自己反馈的人也是照顾自己感受的人，所以越来越多希望获得回复的人聚集在了一起。

我觉得，在自己真的想回复的时候再回复就可以了。

社交网站上的消息，对方在发出的时候，已经达到了他的目的，即使你继续跟进，也只是因为你知道对方想看到，所以才回复而已。

所以我认为，是否回复视自己的情况而定即可。

回复是一种独特的文化，但不是“必须回复”的文化。听说在其他国家连白色情人节也不怎么回礼的。

我喜欢人情温厚、礼尚往来的文化。

正因为如此，回复并不是义务，而是出自温柔和发自内心的从容，在能还的时候和想还的时候，再还给你。在社交网站上也是如此，这样的话，回复的效果可能会更好。

社交网站可以没有回复文化。

2 为对方已读不回而感到失落

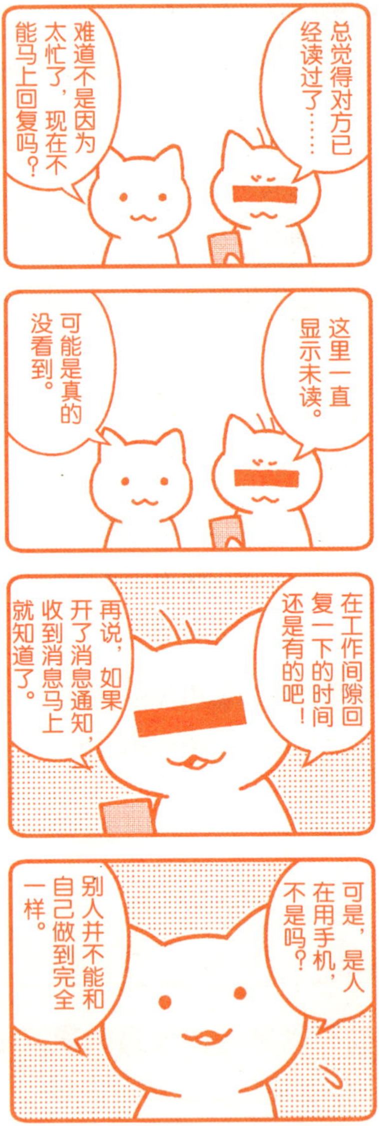

在一些社交网站上，对方读了信息后马上会显示“已读”，立刻就能确认，非常方便。但另一方面，如果显示“已读”，对方却没有回复消息，你可能会觉得“被无视了”，认为“我在他心里不重要”。

当你因对方不回复而感到不安和烦躁的时候，经常会以自己的行为模式为基准来设想对方的行为。

比如，那些随时都能看手机、能够即时回复的人，就会想“自己能够做到，为什么对方不能”。

十几年来，社交工具的进步令人惊叹。

但是，无论社交工具多么方便，使用它的都是人类。

有人不喜欢经常看手机，也有人不擅长写文章。因此，虽然对方没有给予自己所期待的反馈，但是一想到人并没有发生进化，自己的内心也许会从容一些。

虽然社交工具更新了，但是人并没有发生进化。

3 感觉到有人在说自己的坏话

看到身边的人发布了意味深长的朋友圈，你是否也曾有过“这莫非在说我”的不安感呢？虽然发布者本人可能没有那样的意思，但是会刺痛看到此内容的人的心。

我感觉在这种时候，常常出现与此毫无关系的人会在意，而那句话真正针对的人反倒不会在意的情况。

虽然我们不可避免地会面对社交网站上流传的各种言论，但是可以尝试这样去思考：

漫步在街上时，各种各样的景色会映入眼帘。

但是，并没有人会因为看到垃圾就把垃圾带回家。

因为我们能看到更多美好的事物，选择把这些美好的东西带回家肯定更令人开心。

因此，在社交网站上，相比浏览消极的内容，不如多多关注积极的内容。

无主的垃圾，不必勉强带回家。

4 不明缘由地被屏蔽，或者关注减少

在社交网站上，人与人之间很容易建立联系，与之相对，人与人之间也很容易产生分离。

如果突然被屏蔽，或者关注自己的人数减少，就会感觉被对方单方面地切断了联系一般，怀疑自己是否被对方讨厌了。

以前，我朋友的账号曾被垃圾邮件入侵过。当时我就想，社交网站上有时也会出现与本人的意志无关，而是由于系统问题，或者一点儿小小的误操作等意料之外的情况，导致交流中断的情形。

如果是由于某些意料之外的情况导致交流中断，那么在知道缘由后就可以安心了。因此，下次当你因为猜测而感到不安的时候，可以先想想“是不是有垃圾邮件入侵了”。

如果事先这样想，心情也许会稍微好一点儿吧。

和他人之间的联系中断了，可以先想想“可能是有垃圾邮件入侵了吧”……

5 无法拒绝来自不好对付的人的好友申请

曾有人与我讨论说，无法拒绝来自公司的同事或自己不太好对付的人的好友申请。

如果是完全不相识的人，可以简单地无视。但如果是每天都要碰面的人，就会觉得这样做无论如何是不行的。

因此，能够让拒绝变得简单的一个方法，就是在个人简介中写明“亲友专用”，你觉得如何呢？

就像某些需要有资格证或执照才可以做的兼职那样，如果在最初的“入口”设立一道屏障，在要进入那里的时候无论如何总会停一下的。

对方可能会考虑“我和他真的达到那样亲密的程度了吗”，或者会产生“如果被拒绝的话也很讨厌啊”这样的心理，这样就会或多或少产生一点儿阻力。

虽然也可能存在即使这样依然要突破屏障的人，但至少比什么屏障都不设的情形下，出现这样的人的概率更低一点儿吧。

用“专用”这样的词语来设置屏障。

6 与友人见面时，对方却一直看手机

有些人，在与友人见面的时候，看的并不是对方的脸，而是手机上的内容。

我经常会见到这样的情况。

如果是在人很多的场合，或者彼此之间非常了解的话还好。但如果是对方正在与自己说话，自己却心不在焉，可能就有些不礼貌了。

两个人见面，通常是一个需要互相协调空闲时间，协商见面地点，最终相见的过程。有一句话叫作“一期一会”，现在近在眼前的人，未必下次还能见到。

我认为，比起一个人待着，与别人见面却仍感觉像是只有自己的时候，会觉得更加寂寞。想到这一点，我会觉得，在见面的短短的时间里，应该关注一下你眼前的人。因为对就在眼前的人视若无物，是一件非常悲哀的事情。

手机上的内容，是你一个人待着的时候也可以看的。

但是，现在在你眼前的人，明天却不一定能够相见。

问问自己：“手机上的内容真的重要到要无视眼前的人的程度了吗？”

7 看社交网站根本停不下来

据说社交网站就像烟和酒一样，能让人上瘾并对它产生依赖。

就像过量服用保健品对身体有害一样，深陷于社交网站的话，也会对身心健康产生影响。

我认为，人们之所以无法停止使用社交网站，其中一个重要原因就是免费。你是否知道“氪金成瘾”这一概念呢？它是指玩家在玩智能手机中的游戏时，花钱来购买游戏中提供的道具。开始还能有节制地玩儿，深陷其中后，便无法停止“氪金”。最终停止的人，理由大多都是“花太多钱了”。

虽然登录社交网站是免费的，但可以假想它是需要付费的，并试着给自己定一些规矩。例如，“在决定不看的时间段内看了的话，就存100日元”，时间变成了金钱，就可以清楚地看见“失去的时间”。

因为这种情况下花的钱都被存了起来，这笔钱就能花在比使用社交网站更令人开心的事情上。

试着将在社交网站上花费的“时间”换算为“金钱”。

8 嫉妒别人的幸福或成功

在社交网站上，我们可以很容易地了解朋友的近况。但有时也会被迫获取许多自己并不想知道的信息。

例如，在看到朋友发的看起来很幸福、生活得很充实的照片后，有时就是不想点赞；看到工作中本来觉得和自己差不多的人升职后，开始焦虑；看到过去的恋人现在看起来很幸福后，会感到失落。

我听说过很多类似的烦恼。

和别人比较后，自己感到失落、嫉妒、自卑的话，最终就会讨厌这样想的自己。

因为我有时也会有自卑感和嫉妒心，所以我理解这种心情。

我的这种自卑感和嫉妒心，主要表现在作品创作方面。例如，和别人相比总觉得自己写得不好，所以感到失落；看到一夜成名的人，就会被其取得的优秀的成果压倒。

但是有一天，我觉悟了：我是我，别人是别人，就这样不好吗？

四叶草是幸福的象征，对吧？

但是，四叶草的四个叶片也有各种各样的形状，有完美的四叶草，也有叶子形状稍微有些变形的四叶草。尽管如此，它依然是幸福的象征。

也就是说，幸福的形式因人而异。

有一次，我冷静地思考了“对于别人的幸福，自己究竟在嫉妒什么”这个问题；并试着想，如果把我的人生和对方的人生进行互换的话……

令我感到意外的是，我并没有觉得有多么幸福。

即使有很棒的丈夫，也可能不是自己喜欢的类型；自己的性格，也许无法适应看起来笑得很开心的人的圈子……

我觉得自己的幸福形式和别人的并不完全一样。

我们在社交网站上看到的部分只是冰山一角，大多数时候只看到了最美好的部分。用电影来比喻的话，就是最精彩的部分。即使是主角的经历跌宕起伏的电影，如果只播出最精彩的情节，剪去其余的镜头的话，也不能证明全部内容都精彩。

只是别人的照片并没有都发出来而已，也许在那张闪亮的照片背后，他本人做出了“打落牙齿和血吞”般的努力。

明白了整个过程后，你可能会想：“我绝对不愿意和她换！”

因此，在羡慕别人的幸福的同时，也要为了自己的幸福而努力，这样才能更快获得幸福。我是这样认为的。

在社交网站上看到的幸福，就像电影里看到的最精彩的部分一样。

9

因别人的炫耀行为而感到焦虑

在社交网站上，有人喜欢大肆炫耀让自己感到骄傲的东西或者宣传自己的主张。

看到这样的内容，你会不会觉得“也没必要这样特意发出来吧”，或者感到很焦虑？

真的不想看到自己所讨厌的东西的人，大概看到后会当场关闭社交网站。

所以，大部分不关闭而选择继续看下去的人，虽然持否定态度，但我认为，那些他们所讨厌的东西，也正是他们自己在追求的东西。

看“生活充实忙碌”的人，对工作感到不安；看“炫耀幸福”的人，对未来感到焦虑；看《吐槽大会》的人，自己也是真的想吐槽……

另外，发布这些内容的人如果比自己差的话，自己会有优越感，并且感到安心，对吧？

对方只是随便写写而已。我们可以自由选择自己想看的东西。

选择看那些东西并且感到焦虑的，是自己。

是自己选择去看那些令人焦虑的东西的。

10 想得到好多『赞』

啊……少了三个关注……
哭……
嗯？你在数人数吗？
有一家ins风的店，一起去吧？
一个人的话，不是很想去。
为什么要为了拍照去店里呢？
既然来了，一定要拍一些好照片。
因为过来一次实在太不容易了。
粉丝不会增加的……
在意评价，进行采访、拍摄，这是你的工作吗？
稍微偷点儿懒会被炒鱿鱼吗？
那倒也不是……仅仅是自我满足而已。
经费也是自掏腰包，什么也不会得到……

有了社交网站后，我们可以在上面发布自己喜欢的任何东西。

很多人认为，通过发布内容获取反馈，可以让更多的人了解自己，也获得了新的展现自己的平台。

即使不是以此为目的，如果自己发布的内容收到了反馈，也会感到开心吧。点“赞”数越多，越会感到有很多与自己有共鸣的伙伴。

但是，如果过度热衷于获“赞”，就会每天都在确认数字，就会为了更好地展示自己而去时髦的地方、收集段子、进行表演……

如果赞的数量少了，就会分析原因，陷入情绪低落……

我偶尔会觉得，虽然数字很直观，但也应该适可而止。

例如，如果社交网站上的内容被有知名度的人关注或回复了，这个内容就会以惊人的速度扩散。

有些突然成为热门话题的内容，也不由得令人思考：“这个真的有意思吗？”

通常，你点“赞”的时候，是不是也会确认下已经有几个“赞”了呢？这是非常日式的思维方式，在没有别人举手的时候，自己也不好意思举手。

但是，如果已经有很多人认可了，附和是很容易的。

根据社交网站的种类不同，“赞”的偏好也有所不同。比如，在大众娱乐性比较强的推特（Twitter）和时尚照片比较多的照片墙（Instagram，一款社交应用）中，点“赞”量高的，内容完全不同。

当然，纯粹因为得到很多的“赞”而受到好评的人有很多。但这些都只是各种因素叠加在一起而增加或减少，或因为社交网站类型不同而发生数字变化而已。

因为思考“赞”数变化的原因而情绪消沉，或为了表演而不停地折腾，你不觉得每天的时间都被浪费了吗？

在日常生活中，被周围的人夸奖“好厉害啊”或得到别人认可的时候，你的笑容下面是看不到数字和“赞”的。

我想，真正的“赞”，反而是看不见的。

真正的“赞”，是看不见的。

11 被不认识的人攻击

如果将社交网站比喻成日常生活的话，
请看一下！
今天我完成的事情
感觉就像是一场『个人展览会』。
那个！
啊，这个我也表示同感。
鞠躬！
我一直有在看。
谢谢……
嘻嘻！
砰——
虽然你不认识我，我也不认识你，
但我就是来伤害你的……
如今，还存在相信如果匿名就不会暴露的单纯的人吗？如果『整人大赏』节目袭击者角色到来的话……
好冷！

我觉得，在社交网站上自己随便发布一些内容，并相应地获得一些回复，这是很正常的事。但是，时不时地也会被不认识的人攻击，这感觉就像遭遇了碰瓷一样令人愤恨。

我想，在社交网站上，匿名的中伤，最后多半会以被原谅或忍耐收场。但是，如果在日常生活中，突然出现了蒙面人并攻击他人的话，那可是严重的犯罪行为。

语言的利刃如果指向他人，就会成为凶器。即使在网络世界中，这也是绝对不应该做的，因为有可能下一个被攻击的，正是此时此刻在这里攻击别人的自己。

我在网络上被人攻击的时候，会把它当作《整人大赏》节目[1]袭击者角色的到来，就是一些人扮演袭击者的角色把各位演员吓一跳，然后观察演员们的反应并以此为乐的节目。如果被袭击的那一方的反应比较恶劣，或者袭击者身份暴露的话，就算袭击失败。

在网络上攻击他人的人，如果你无视他的话，他多半就会去攻击别的对象了。因此，只要让他因为“袭击失败”悻悻而去就好了。

① 日本一档整人综艺节目。——编者注

对于匿名的攻击，让他“袭击失败”并无功而返。

12 不管说什么，总有人会跟你抬杠

有时候，会有专门针对我们的发言过来抬杠的人。

认真对待的话，会很累人，而且多数时候，我们想不明白他们的动机。

要问为什么，那是因为社会上就存在那么一些“不管别人说什么都不爽的人”。

如果你说“想生活在能感受大自然的地方”，有人就会说“别小看大自然的威力啊”；如果你说“我受不了人多的地方”，有人就会说“你不适合这个社会”。

关于匿名这一点，虽然这样能让人更随心所欲地发表意见，但是我认为，通过匿名这种方式能意识到“什么样的人都有”，并学会不理会，也很重要。

顺便说一句，我认为匿名也有其可取的地方。

如果有什么好事，日常生活中特意去说，可能会有一些难为情，但在网上因为是匿名，就能很爽快地说出来。被提到的那一方也会感到高兴，甚至还有点儿兴奋。

如果匿名的发言使得大家都高兴的话，我也会觉得很开心呢。

接受“存在各种各样的人”，并学会不理会。

13 感觉社交网站上写的全都是自己的情况

我注意到，不管在社交网站上，还是在日常生活中，将别人所说的话当作在针对自己并发表异议的人，有所增加。

曾经，我在网络上发表了一些随想，却突然遭遇到来自完全不相识的人的“我可不想这么被你说！”的批判，这让我十分惊讶。

我们偶尔会在网络上看看别人发表的随想，但是在阅读的人当中，有一些会认为，自己所阅读的内容就是在说自己。

会把自己代入别人说的事情中的人，可能本性是善良的。

但是，因为随想并不是针对那个人写的，写随想的一方会因对方这样的举动而感到有些困扰。

我也曾听到过这样的说法：人之所以容易对网络上的内容产生共情，原因就在于智能手机这个终端。

如今，不管在工作中还是在私人生活中，我们处在一个只要有智能手机就能随时看到发给我们的信息的环境中。

因此，即使那并不是针对自己的，如果通过智能手机看到了，无论是网络上的信息还是社交网站上他人稍微发发的牢骚，都会感觉是写给自己的。

确实，不经意间回想起，我自己也有过看到他人发出的意味深长的内容时，会想“这是不是在说我的不是呢？”这样的经历。

一旦有人隐去当事人姓名发布信息，并说他的坏话，即使说的话和自己无关，我们也不能很自信地反驳说：“我不是这样的。”

可能人就是会在看见没有明确指向的负面评价的时候，容易觉得是针对自己吧。

想一下与这种情形相类似的事，比如一度很流行的“不幸的信”。

有人会突然收到一封内容为“收到这封信的人，如果不把相同内容的信转发××次的话，最后收到这封信的人将会遭遇不幸”的信，因而感到不安。

虽然不知道信是谁发出的，也不知道会遭遇怎样的不幸，但人们会顺理成章地接受“现在我是最后收到信的人，我会遭遇不幸”的设定，为了逃避不幸，最终自己也会将信件扩散出去。

但是，如果某人认为“说的并不是我”并停止传播的话，事情便到此为止。本来就没有必要接受这种设定。

如果这样想的话，社交网站也是一样的。没有明确指向的不安感，不要强加给自己。相反，如果你突然说“我就是接收人”，并主动联系发布人，对方多半会问“你是哪位”。

“我说的并不是你。”

如果大家都能理性对待社交网站上的信息，生活会变得简单很多。

没有指向的东西，不要认为是针对自己的。

14 到处都是负面言论

啊……到处都是负面言论……
是谁放在这儿的呢……
这次是言语上的无差别攻击……
啪！
哎哟！
向不认识的人发泄压力吧！
虽然这在网络上可能司空见惯……
极其疲惫！
唉……
但这的确是令人讨厌的呀！
因为可以选择自己发表的言论，
那个……没事吧……
感谢你的关心。
首先就从那里开始……！

如果说人生中有些事是不可避免的，我认为即使结果不是我们想要的，但仍能坦然面对，这种人生态度是很重要的。

虽然这些事都有哪些没办法讲清楚，但我们每天生活中经历的语言交流就符合这个情况。

特别是在社交网站上传播的话语，并非都是好的。

网络上到处都是牢骚或恶言恶语等“肆无忌惮的言论”，我也遭遇过匿名的“言语上的无差别攻击”。

这在社交网站上并不少见，的确是令人讨厌的行为。

说实在的，即使自己只发一些好的话，收到恶言恶语的情况可能也比较多。即便如此，我认为发送一些别人更想听到的话语，还是很重要的。

自己发表的言论是可以选择的。

在人生中究竟什么是应当做的呢?

做选择的是自己。

自己可以选择发表积极的言论。

15 不想信息滞后

社交网站上又出现坏消息了……
现在不想看。
信息太多了，有的信息我也不想看……
偶尔也可以不用一直看吧？
啊这，又是……
但是……比起不知道，还是知道的好……
即使知道了，你有能力去改变吗？
认真脸
认真脸
没有。

看社交网站，每天会收到各种各样的信息。

但是，这些并非都是自己感兴趣的信息，偶尔也会出现自己不想看到的信息。

比如，因为谁无心的话点燃战火，大家都为此感到生气，并开始较劲……看这些也会很疲惫。

因为不想信息滞后就整天“刷信息”，实际上大多数信息都是与自己无关的事情，都不是“现在、立刻”需要知道的。

即使跟在后面人云亦云，自己也似乎帮不上什么忙。

尽量改掉自己这种“有信息必看”的强迫症，这点很重要。

即使偶尔信息滞后，世界也不会坍塌，但一旦心力交瘁，要恢复元气可是要花很多时间的。

有必要的话，还是在状态好的时候再刷好了。

即使没有“现在、立刻”知道，总体而言也没什么问题。

16 通过社交网站上的形象判断一个人

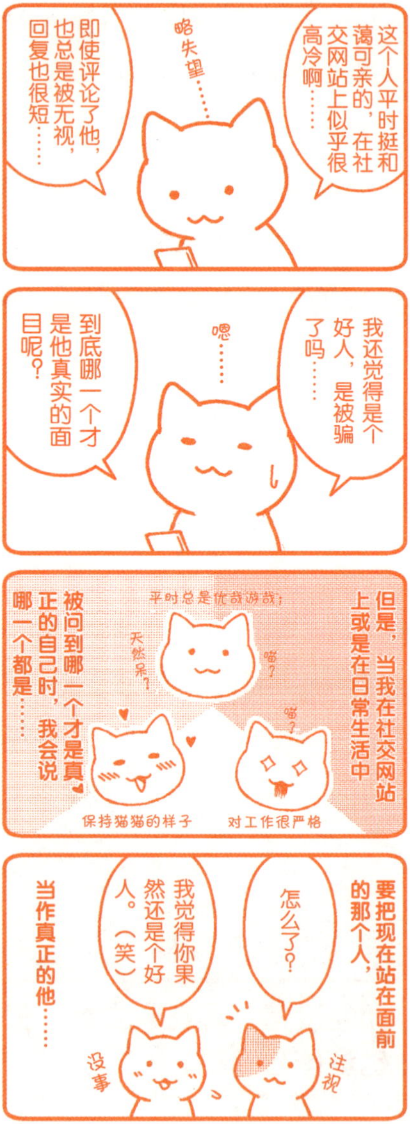

在社交网站上，经常会看到身边的人的形象与平常接触时不一样。

平时觉得很温和的人，在社交网站上却会说一些让周遭人不安的话；平时觉得很厉害的人，在社交网站上却能和他像亲人一般交流。

对于在社交网站上遇到的素不相识的人，我们看了他发布的内容，可能会觉得“他就是这样的人，错不了”，实际上对方也可能完全是另外一种人。

我们现在可以看到很多很多人的信息。

但是，似乎也存在这样的情况：本来应该好好处理这些信息，却因为没有对这些信息进行全面处理，有些细节方面的记忆变得模糊，最后，只记得看到这些信息时所产生的情绪。

比如，如果在社交网站上对一个人印象不好，即使那个人有好的地方，也会只留下讨厌的感觉，把那个人放在“讨厌的人”的类别里，并且越来越讨厌他。

相反，如果因为某个人社交网站上的言论给自己留下了好印象，即使不知道那个人实际是怎样的人，也可能会将其归类为

“喜欢的人”的类别，并会越来越喜欢他。

当然，“社交网站上的本人”和“日常生活中的本人”相一致的情况也会存在。但是，不一致的情况很多，仅凭日常生活或是社交网站都无法了解一个人的本质。

仅凭社交网站来判断，就可能错过在日常生活中能相互理解的人，或是可以形成良好关系的人。

我想，这是非常可惜的。

在社交网站上刻意塑造自己形象的人也是存在的。有比日常生活中的自己更宽容的人，也有很多不表露真心的人。

因此，我将用眼睛看到的那个人，当作是“此刻的那个人”。

因为那个人究竟是怎么样的人，只有了解了才知道。

对我来说，站在我面前的那个人，才是他本人。

第二章

人际关系的烦恼

17 存在讨厌的人以及不好对付的人

这个人是好人，那个人是坏人。

“这是以什么标准判断的呢？”我曾想过这个问题。

面对同样的话，我们有时会感激，有时则会生气。

同一句话，有时会因为当天的心情不同而感受不同。自己讨厌到恨的程度的人，对某些人来说也许是独一无二的朋友。

我们只能在自己的认知范围内对别人进行判断。

这样想的话，所谓好坏，也许只是“对现在的自己来说”适合与否罢了。

当我觉得自己总是碰到不好的人的时候，会自问：“现在，我自己处于什么状态？”

有时候是环境发生了变化……有时候是心情比较差……

如果能找到线索的话，也许那也是原因之一。

“好人或坏人”，是指“对现在的自己来说”，是适合的人或不适合的人。

18 被别人的话语伤害

匿名A某
虽然有点儿突兀，但是×××……
我去你……
去你！
去你！
嫉妒……
诽谤……
发牢骚……
去你！
讨厌的话是咒语。
如果自己不把它放在心上，它的魔法就无法发挥作用！
噼里啪啦！
去你！

语言有时候有很强的杀伤力。

有一天，我的朋友对我说："我是个比较容易感受到'语言的恶毒'的人。"

我回复他说："你讨厌的话就是咒语，如果你不把它放在心上，它的魔法就无法发挥作用。"

我的本职工作是游戏美术设计师，所以我觉得这样比喻很贴切。

讨厌的话，很像游戏世界里的"魔法咒语"。

所谓魔法，就算是再强的咒语，如果你不被它击中，那么它就无法生效。

讨厌的话也一样，自己接收的方式决定了它带来的伤害的大小。

没有必要以最庄重的形式接收，以免受到巨大伤害。

如果觉得这是讨厌的话，就选择逃开或者躲避，不要被击中，这很重要。

顺便提一下，魔法中不仅有能伤害人的咒语，也有能治愈人的咒语。

如果无论如何都要使用语言这种魔法的话，你不觉得使用治愈人的魔法更好吗？

讨厌的话是咒语，如果你不把它放在心上，它就起不了作用。

19 遭遇不公平的事，无法忘怀

我曾经因为厌倦处理人际关系而对与人交往感到十分头疼。

虽然我从心理学书中也了解到，通常做了令人讨厌的事情的人，往往都不记得他自己做过什么，所以我自己过分在意是没有意义的，但这并不能改善我的心情。

那时，朋友对我说的这一句话，有着神奇的说服力。

“也许那家伙现在正在吃冰淇淋呢！”

听了这句话，我想到，无论自己因为讨厌的人而变得多么较真，也许对方对自己所在意的事情，并不会一样认真地对待。于是，我就放下了。

需要认真对待的，只有对自己而言真正重要的事。

这不是谈恋爱，无论是睡梦中还是清醒时，你都没有必要总去想令你讨厌的家伙。

“也许那家伙现在正在吃冰淇淋呢！”

不知道为什么，这是一句令人心旷神怡的、具有魔力的话。

试着小声念：“也许那家伙现在正在吃冰淇淋呢！”

20 无法抑制对讨厌的人的愤怒

和别人产生纠纷的时候，好好地向对方表达自己的想法，当即解决是最好的。但人生中，有些时候事情并不是这样发展的。

我们有时候会碰到一些站在某个立场上无法反抗的人，也会碰到一些一生气就动武的人。

当遇到这类人的时候，我会选择尽快忘记他们。

虽然不能正面解决问题，但是如果无法保持内心的平静的话，自己会崩溃。

生气的时候，自己的脑海里会出现和对方战斗的画面。但事实上，那都是你假想的，只有你自己在与虚构的对手战斗。

因为会多次回忆对方讨厌的样子，会多次回忆对方伤害自己的话语，明明不怎么强大的对手，却变成了强敌。

而且，大多数情形下，他变得比之前更让人讨厌了。

在这样充满愤怒的过程中，人会产生想报复的心理，会想让对方遭遇不幸的事情，会想让对方受到惩罚……这样已经变成诅咒了。

诅咒别人是一把双刃剑——无处发泄的愤怒，不久会反噬自己。

有的人会对诅咒别人遭遇不幸感到内疚或感到无法挽回，这种类型的人，相比责备别人更容易责怪自己。

即使让对方对自己做相同的事情，内心也不会真正放下。

要问为什么，可能是因为讨厌做这种事情的自己。

一想到恨意有多深，反噬就有多深，我就会感到非常害怕。

没有必要为了讨厌的人而伤害自己，或者成为同样被人讨厌的人。

所以我觉得，让自己讨厌的人，还是尽快忘记比较好。

至于如何忘记，因人而异。就我个人而言，通常会选择原谅。

我试过许多方法，但是除了原谅之外，无论采取什么方法，都无法驱散心中的乌云。

当然，在原谅讨厌的人的这个过程中，自己会碰到阻碍。

但是，为了摆脱这种情形，首先让原谅了对方的自己释怀，可能会轻松一些。

不是为了对方，也不是为了任何人，而是为了自己。

为了自己，忘记讨厌的人。

21 一直想着讨厌的人

焦虑!
喵喵—
喵哈哈哈
喂!
讨厌的人无法从自己的心里消失。
好像我们一起住在同一个家里一样。
让讨厌的人一直住在家里吗?
喵哈哈哈哈哈
咕噜咕噜
把它们全都赶出去!
加油!
出去!出去!
讨厌的人不准再进入我心里。

有时候，满脑子都是讨厌的人，导致其他什么事也做不了。

虽然我们经常说，快乐的时光转瞬即逝，但当我们想起讨厌的人的时候，会觉得时间非常漫长。

有些人有时会让我们觉得很讨厌，或者每每想起他们就感到烦躁，一想到这些人消磨了我们人生中很多宝贵的时间，真的觉得可惜。

话虽如此，但是我们也没办法那么轻易就忘记讨厌的人。

因此，为了珍惜自己的时间，我选择这样想：

“租来的房子里，那些不需要的东西占的地方，也会被收费，有必要为它们支付房租吗？”

这是不擅长打扫的人常说的话。听到这种说法的时候，我会觉得所言极是。

如果没有不需要的东西，房间里就可以放真正想放的东西，房间也会变得整洁，毕竟房间的所有部分都需要支付房租。

所以我想，讨厌的人也是一样的。

“要在心里给讨厌的家伙留一个住处到什么时候？要一直住在一起吗？”

一直搁在心里，是指无论睡着还是醒着，都像在一起一样。

请试着想一下讨厌的人住在自己家里的样子。

明明如果没有他，每天都可以健康快乐地生活，但是现在，自己却要为那个人住的房间支付租金。难道你不想早点儿把他赶走吗?

和垃圾不一样，垃圾经过打扫后可以丢弃，那个人却不是马上就能赶走的。无论什么时候，相比放置不顾，下定“我会把你赶出去！”的决心更重要。

“我满脑子都是他，感到非常痛苦……”与其总是带着这种被害者的心情，不如一遍又一遍地说“这里没有你的房间”，直到将对方赶出去。

一旦习惯了被动的受害者身份，不快乐的状态就会一直持续下去。

每天重复的事情，不久后对自己来说，就会变得理所当然。

虽然不能改变讨厌的人，但是通过试着改变一下自己内心的想法，也许就可以不受伤害。

想着讨厌的人，与和他住在一起为他付房租是一个道理。

22 存在想摆脱却无法摆脱的人

不知道为什么，这个世界上就是存在你想要摆脱却怎么也无法切断你们之间缘分的人。

为摆脱这样的人而花费精力，大多徒劳无功，你只能选择放弃。

这样的人，我把他们想象成过敏源一样的存在。

就像经历花粉飘散的季节一样，只要你在那里，就会出现痛苦的反应。

虽然很难治愈，但因为你了解了，所以就可以采取抑制发病的对策。

我有过敏源，以前因为不知道，摄入之后生病了。听说过敏严重会很危险，能早点儿知道这一点真是太好了。

有压力的人际关系，如果持续很久的话，压力日积月累，最终就会搞坏身体。

通过了解对方的行为找到应对方法，也许可以减少损失。

不好对付的人，就像是与生俱来的过敏源。

23 存在怎么也合不来的人

有时，我们会执着于一个地方或一个人，将勉强的人际关系继续维持下去。

我认为无论如何，每个人都会有对自己来说不合适的人和地方。并不是谁或者哪里不好，只是单纯“不合适”。因此，从彼此都能幸福的意义上来说，所谓不合适的人，只是大家的“幸福负责人”不同而已。

和你不对付的A先生，有负责他的幸福的人，你也有其他能让你幸福的人。

与其讨厌对方并离开，不如说着“请和别人幸福地生活下去”，然后选择离开，这种方式感受会更好，也不会有负罪感。

你也许会想“我不希望那种人幸福！”或“希望他不幸福！”，然后离开。在离开之后，会一直在意对方过得怎么样，最终多半难以真正放下。

而且，真正有缘的人，即使分开了，也会在别的地方再次相遇的。

想到能让你幸福的人还会发生变化，你不觉得可以稍微轻松点儿，然后再次进行选择吗？

合不来的两个人，只是彼此不能给对方幸福的人而已。

24 被任性的人折腾

一直什么都答应的人，
不行！
啊！
突然不答应的时候……
明明到现在什么都没说……
为什么突然不行了呢？
并不是突然哦！
虽然对你来说可能是突然。
只是一直没有说出口的事情，
今天终于说了出来罢了。

我认为，事实上很少有突然说出口的话，问题其实出在觉得突然的那一方。特别是交往的时间长了，亲近感和任性之间的界限往往会变得模糊，总有人会认为“只要拜托了，什么都会为我做”“只要道歉的话，一定会原谅我”，等等。

想一想，感觉到突然的人所谓的“突然”，也许并不是“根本没有注意到这件事”，而是“迄今为止一直被允许的事情突然不被允许了”。

有时候，有的人会生气地说：“在忍受不了之前就说出来啊！”但是，这难道不是一直处于不得不忍耐的情形吗？

即使并非单方面的不对，但也并没有哪一方有“为了自己的利益而改变他人”的权力。

我们可以选择能够互相体谅的人一起生活，不是吗？

我也有越来越多长期的关系，为了维护我所珍视的这些关系，在与人相处时，我会更加注意不要出现上面说的这些问题。

虽然不能改变对方，但是可以选择想要在一起的人。

25

被要求帮强人所难的忙而无法拒绝

有的人，无论被拒绝多少次，都还是要拜托别人帮一些强人所难的忙。

在我与人交往的经历中也遇到过这种类型的人。

不管对他说什么，他都会说："因为没有其他人可以拜托了！"强行要求你帮忙，并且到最后还会用高高在上的语气说："只有这件事啦。"

这时候，我的朋友对我说："没有其他人能帮他是他自己的问题吧，如果他自己人很不错，谁都不会离开他的。你可不能成为最后剩下的那个人啊。"

确实，一个人的身边不可能一开始就空无一人。

因为实在无法忍受了，所以大家都从他的身边离开了。

成为这种人身边的最后一个人……这种事光是想想都觉得可怕。

我认为在这种时候选择离去，并不是逃避，而是智慧。

在成为最后剩下的那个人之前，为了保护自己而离开。

大家都逃离是有原因的，不能成为最后剩下的那个人。

26 存在无论如何都无法原谅的人

有不好的想法或者有痛苦的经历时，不同的人治愈伤痛的方法各不相同。

关于是否原谅别人，选择也因人而异。在做出决定时，可能不勉强自己听从外界的声音会比较好。为什么呢？因为当你做出“原谅”的决定，会有人说“那是在自欺欺人，不生气是伪善”；当你做出“不原谅”的决定时，也会有人说“不原谅的话，就永远不会轻松”。

无论如何都无法原谅的时候被要求原谅，明明想要原谅却被强行要求继续争执，无论哪一种情况都不轻松。

“原谅”是一个能让人感受到温柔的词，但“原谅”不等同于“温柔”。

作为保护自己的一种手段，“强行原谅”并以此来获得轻松的情况也是有的。

外界的声音就好像是“针对那个人有效的药物”。

但是，吃下他人的“非处方药”也可能是危险的。

比起外界的声音，更应遵循自己的内心。毕竟，能让自己轻松是最重要的。

为了让自己轻松，比起外界的声音，
更应遵循自己的内心。

27 即使有讨厌的事情，也不能和他人说

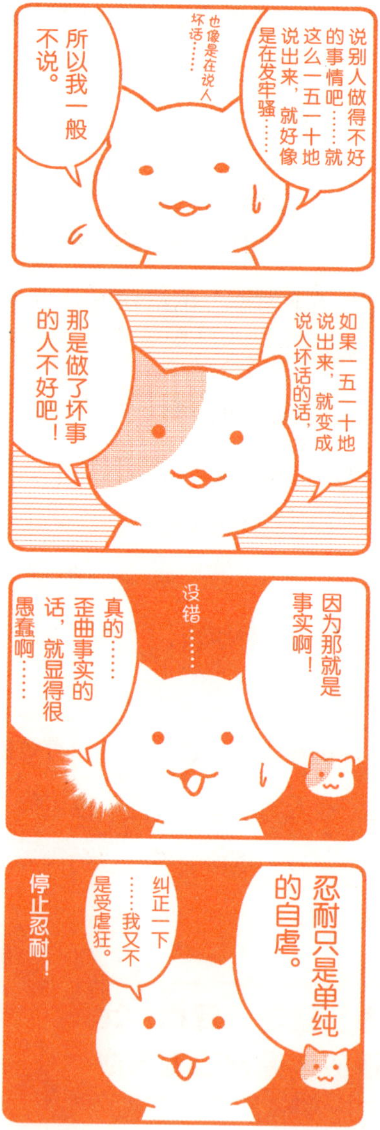

把发生的事情一五一十地说出来，有时会变成发牢骚或说别人坏话。我曾经这么想，所以即使遇到了很痛苦的事情也不和别人说，并哭着入睡。

但是有一天，一位朋友这么告诉我："那并不是说坏话，只是讲事实而已。听着像在说别人坏话，那是因为那个人做了坏事。"他这么说让我幡然醒悟。

确实如此。相反，如果为了庇护他人而歪曲事实，简直是做了一件傻事。

不想说坏话……想要减少纷争……

抱着这样的想法，就可能演变成：只要说对对方不利的话就感觉像是在说他的坏话一样。但是，只是把已发生的事情原原本本地说出来，并不是在说别人的坏话。

如果发生了好事，原原本本地说出来也不会变成说别人好话，不是吗？

所以，当自己默默承受并感到很痛苦的时候，我认为可以向能倾诉的人说出事实。

把已经发生的事情一五一十地说出来，
那不是说坏话，而是讲事实。

28 对他人做出带有偏见的判断

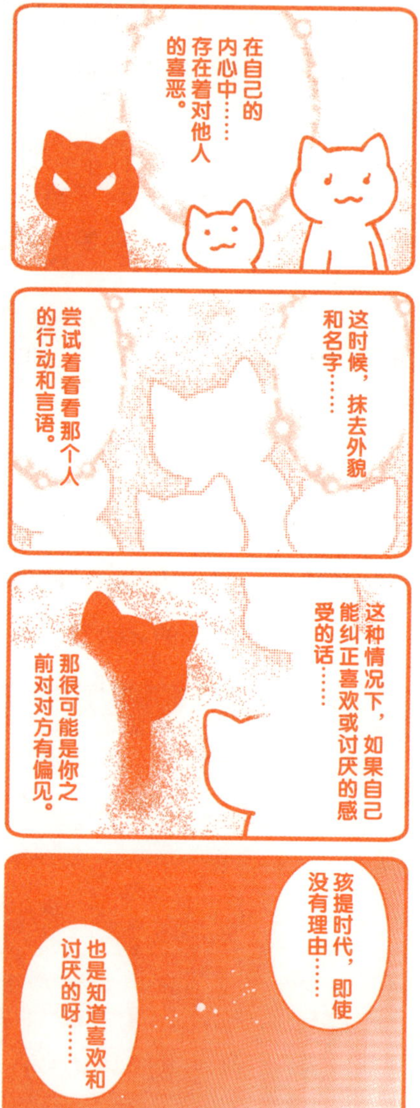

因为周遭的意见而对某人产生了喜欢或讨厌的偏见，为此而感到不安的话，不妨试试这样想：“如果对方是我完全不认识的人的话……”

在日常生活中，总觉得多数人的意见是正确的，所以常常会对自己的判断没有自信。

你是否也有过“因为大家都这么说，所以他就是怎样怎样的人”这样的想法呢？这样做出的决定，常常会背离自己的真实想法。

所以，带着偏见去看一个人的时候，不妨试试把外貌和姓名都抹去，把他当作完全不认识的人，再重新审视一下他的行动和言语。

这时候，如果你明明看到了和自己之前想象的不同的对方，却仍然要否定、纠正现在的自己，可能就是正在把自己的决定权交给别人。

倾听他人的话固然重要，自己的感受也同样重要。

把外貌和姓名都抹去，尝试把对方当作完全不认识的人看待。

29

总是被人指摘

我是为了你好才这么说的……
所以，请让我说。
慌张……
……
也应该听听不中听的话。
所以，请听着。
不快……
……
无法发自内心地接受『为你考虑』这种说法的时候……
是不是因为心里有什么无法接受的理由呢……
如果是自己尊敬或者喜欢的人的话，是会听的吧？
嗯……
因此，除了性命攸关的事情以外，没有必要勉强去听从哦！

“我是为了你好才这么说的……”我的人生中听到过无数次这样的话。

跟在这句话后面的，往往是对我的指摘。

有因为感到不舒服而选择不听的情形，也有听了真的对自己有帮助的情形。

我对于他人的忠告，判断是否要听的标准之一，就是“对方是否值得尊敬”，以及“自己喜欢还是讨厌对方，忠告是否有道理”。

尊敬或喜欢一个人是有理由的，正因如此，这样的人的话会留在自己心里，也能够坦诚地去接受。但是，有些讨厌的人的话往往是真的令人讨厌，会这样想大抵也是有理由的。

光说“我是为了你好”是很简单的一件事。但是，真的对这句话负责的人却不太多。并不是真正站在你的立场为你考虑，而是仗着前辈、尊长或权威的身份，情不自禁地总想说点什么的人，最终都会说“为了你好”。

如果不是性命攸关的事情，就没必要全盘听从“为了你好”的话。

如果有人说“我是为了你好才这么说的……”，你只听“为了你好”之前的话就行了。

30 被人随意地贴标签

那家伙是小丑型。
可以随意调戏哦！
嗯？
不是……
但是，那家伙是阴暗型。
总是很阴沉。
哈！
噢！
啊……小时候就有这样的人。
沉迷于给人起绰号的家伙。
偶尔也会有这么做的成年人呢！（笑）
那个，成年人做这种事真的很丢脸呢！
……
那个人是什么型呢？

这世上有些人，就喜欢随意地给他人贴标签。

“小丑型”“阴暗型”“死宅型”“低能儿型”“较真型”……如果只是开开玩笑也就算了，但是太过分的话，也会有人因此而生气地觉得：“你懂什么？”

例如，我在工作中是能够清晰地表达自己的意见的类型，但如果对方是专业人士，我就不会轻易表达自己的意见。因此，根据场合的不同，我会被人说是“善于表达的人”，也会被人说是“比较沉默的人”。

像这样仅仅局限于个人看到的范围就给人贴的标签，就绝不是建立在对他人全面、准确的理解之上的。

孩提时代，会有小孩给他人取一些奇怪的绰号，就像随意给人贴标签一样。但如果长大成人了还这样，说出这些“标签”的那个人是很丢脸的。如果被人贴了很讨厌的标签，也不要在意哦。

给人贴标签是很丢脸的行为。

31

因不被任何人理解而感到孤独

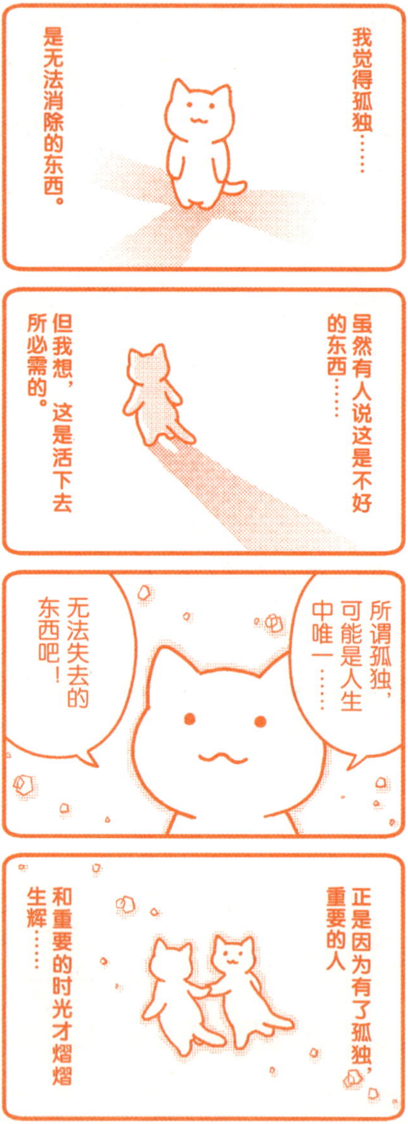

过去，我曾感到比现在更加孤独，胸口像裂开了一般空空荡荡的，总是尝试寻找自己的归属。

我曾感慨虽然我有自认为重要的人，却没有人能真正理解我。我无法忍受孤独，总是觉得不能与恋人分离。如今，我觉得孤独和空虚，与其说是想要消除却无法消除的情绪，不如说是理所当然存在的情绪。

虽然只是一点儿愚见，但我觉得人生无常。

因此，人即使想掩盖自己的孤独，总有一天会陷入孤独。

想要获得他人的理解，不妨先想想自己能不能理解他人。老实说，要做到完全理解自己也是很难的。

即使有人说“我理解你”，你也无法完全从心底觉得认同吧。因为即便是自己，也做不到完全理解自己。

所谓孤独，可能是人生中唯一无法失去的东西吧。

正是因为有了孤独，重要的人和重要的时光才熠熠生辉。

32

总想给别人留下好印象

虽然有人能够直截了当地说："我不介意别人怎么看我"，但我还是希望能给别人留下好印象。

所以，我有时会在意别人的评价，并且情绪为之波动。

评价有好坏之分。有时候，你通过努力可以获得别人的好评；但有时，你什么都没做，别人也会没来由地给你不好的评价。

"总觉得讨厌""总觉得不行"……虽然会觉得很受伤，但是这样的评价，有时是真实存在的，再努力也无济于事。

顺便说一下，因为我养猫，我知道就算给猫同样的食物，也是有的猫喜欢，有的猫不喜欢。所以，相比猫咪，有更多感受能力的人类，其喜好不同的程度要比动物重很多，我认为你没有办法让所有人都觉得你是个"好人"。

不被所有人喜欢是正常的，自己也不用喜欢所有人。

这样想的话，也就不会过于在意别人的评价，就会变得轻松了。

没有比别人的评价更含糊不清的东西了。

33

在意别人的想法

那家伙最近胖了……
我也这么觉得！
胖了吧？
是吧！
什么？
我不能说是谁，是只白猫……
啊，那种白色的肥猫，对吧？（笑）
哈？
窃笑
哈哈哈
我感到最近有人在说我坏话……
有很多迹象表明……
我觉得你过分在意了……你介意听我说一句吗？
喂，你是名人吗？

“他们现在说的……是我吗？”

在日常生活中，你是否有过正好突然听到自己在意的话的经历呢？

我觉得，这种时候一般是你对一些事情没有自信的时候。

例如，当你占卜时被告知“今天需要注意有人的地方”。

你难道不会马上就想象自己最在意的有人的地方吗？

我想，这可能是因为你自己的潜意识在主动寻找你在意的那个话题。

你试着好好想一下，如果周围的人真的总是议论你或说你坏话，那你已经是个“名人”了。别人总是想着你的事情，从某种意义上来说，你一定很有“人气”。

但是冷静下来想一想，你是否会经常想着别人的事情呢？除非是相当在意的人，否则不会一直想着对方的。

“又不是名人。”（笑）这样想着去看待一些事情吧。

因为你不是名人，所以你没有那么被关注。

34 总有些场合，无论如何也无法融入

偶尔会有让人感觉不舒服的场合。

那里有很多和自己合不来的人，光是待在那里就觉得很不舒服。

在那种情形下，心情自然就会很压抑。

虽然我有点儿不擅长在很多人面前说话，但是曾有人对我说："如果你在别人面前感到紧张的话，把周围的人想成是动物或者蔬菜就好了。"

同理，待在自己觉得不适应的场合中，如果把周围的人想象成别的东西，心情应该也会舒畅一点儿吧。

待在不适应的场合中，大概会在意周围人的眼光，会因为过度精神紧绷而觉得很累。在那种情形下，我经常把别人想象成北极狐——带着无精打采的表情，完全不知道在想什么，但不知道在想什么也是理所当然的……这也是我推荐它的理由。

想象自己面对一群北极狐的画面也很魔幻，需要注意不要笑出来。（笑）

试着把不是同类的人当作北极狐。

35 被别人要求倾听他的痛苦和不幸

倾诉痛苦的事情时，对面会有人在听。

这种时候，一般都是以“说的那个人是最痛苦的，听的那个人是不痛苦的”这一奇怪的设定开始的。

所以，如果听的一方拒绝或反驳，有时候倾诉的那个人就会说：“你是在叫我不要和任何人倾诉吗？”“你不听我讲，太过分了。”

但是，世上有各种各样的人，并不是每个人都会把自己的痛苦表现出来。

“我只要说出来就轻松了”这种话，有些人“光听到就很痛苦”。

并不是说不能向别人倾诉痛苦，而是“你想让听的人”并不一定是“能听你讲的人”。

倾诉的一方与倾听的一方，无法预测谁更痛苦。

就像倾诉的一方可以选择对象一样，我认为倾听的一方也可以进行选择。

既有“说话的自由”，也有“倾听的自由”。

36

总是说别人坏话

我有过无论如何都抑制不住愤怒的时候。我觉得吐出来会舒服一点儿，所以在房间里试着大声说坏话。

但是，我一点儿也没有感到痛快，反而为自己对别人说出这么恶毒的话突然感到沮丧，充满了罪恶感。

我想，没有什么比说坏话更让人不痛快的了。

自己吐出的话，过了一会儿，就像往上扔的球落到自己头上一样，感觉全部都回到自己身上来了。

所以，下次无论如何也抑制不住愤怒的时候，我想，还是通过去外面走一走之类的方式来进行缓解，或者去KTV大声唱歌。

总之，通过活动身体或发出很大的声音，心情会变得非常舒畅。这两者都需要吐出很大的气息，也许会让人有吐出什么东西的感觉。至少，比起吐出恶毒的话语，跑步、唱歌的吐气让我感觉舒服多了。

就像往上扔的球一样，坏话会全部回到自己身上。

37 为了别人把自己的事往后推

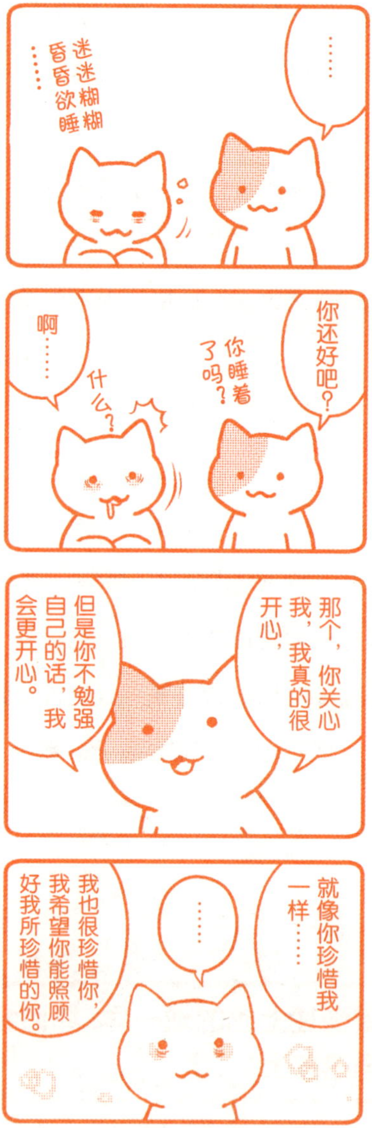

以前，不管多忙，我都会把自己的事情往后推，优先考虑朋友的事情。在我心中，朋友十分重要。

但是有一天，有一个人这样对我说：
“就像你珍惜我一样，我希望你能照顾好我所珍惜的你。”

如果我能通过勉强自己让朋友露出笑容的话……虽然我这么想并且付诸行动，但若因此搞坏了身体，别说笑容了，反而会让自己所珍惜的朋友伤心。那是我第一次意识到这个问题。

不仅仅是朋友，还有家人、恋人和身边的其他人，如果因为我勉强自己，出了什么事情，我想我一定会非常后悔。从那以后，我开始觉得，为了关心我的人照顾好自己，是自己所能做的事。

为了别人而勉强自己的人有很多。
但正因为如此，为了他们，首先照顾好自己也十分重要。

为了自己所珍惜的人，首先照顾好自己。

38 不知不觉忘了关心别人

我有一个很重要的朋友，她总是对我说很温柔的话。

这句话是她告诉我的，她说：“就像给鲜花浇水一样，每天对重要的朋友说温柔的话是很重要的。”

因为“喜欢”和“谢谢”会给心灵以养分，所以要毫不吝惜地浇上。

我觉得这是非常棒的想法。

听了她的话之后，我一个人的时候也尽量选择说温柔的话。即使没有别人，也有一个人每天都在听自己的声音，那个人就是我自己。试着对自己养的宠物和喜欢的杯子说“我喜欢你”。

如果习惯了使用温柔的言语，说不定也会自然地对别人说温柔的话。

把朋友对自己说的温柔的话，像传递接力棒一样，传递给别人。

接力棒传递下去，温柔的人若增加了，真的很棒啊！

就像给花浇水一样，要对重要的人和自己说温柔的话。

39 别人的行为无法如自己所愿

有了喜欢的人后，就会想要被对方喜欢，想要让对方开心，想要为对方做任何事情。但是，交往一段时间后，就会抱怨“为什么只有我在付出”。

那可能是因为，本来喜欢的就是那个样子的对方，但是交往后，自己的愿望发生了变化。或者说，如果是对方变了的话，也许就像自己变了一样。

恋爱中交往的对象确实是自己的恋人，但不是自己的东西。

我想这可以形容所有的人际关系。

无论关系多么好，即使是同甘共苦的关系，也不可能有改变对方内心和想法的权力。

“付出是自己的选择”，要不要试着这样想呢？

无论多么交心的人，都没有改变对方内心的权力。

40

帮助了别人却不被感谢

不管是在恋爱关系中，还是在朋友关系中，我经常听到这样的抱怨：

“我帮他做了，但是……”

不好意思，我认为这里面不仅仅只有善意。

真正的善意是不会期待回报或反馈的。我认为，在寻求报答的时候，不是为了对方，而是为了自己。

为“明明帮了你”而生气的人，可以比作表面上免费实际却收费的应用程序。

这类APP用可以免费玩引诱你下载试用，之后却要求你支付高额费用。

从后来被要求报答的一方来看，或许也会有同样的感觉。

我认为，为别人做什么事情的时候，最好秉持这样的理念：不是“为他做”，而是“因为我想做，所以做了”。

为别人做什么事的时候，并不是“为他做”，而是“因为我想做，所以做了”。

41 我们最终会和重要的人分开

人生中，有时会和一直在一起的朋友走上不同的道路。

因为毕业，因为升学的地方不同……但是过了一段时间，可能他又笑着出现在你身边。

我觉得这就像火车一样。从同一个车站发出的列车，会因为轨道的切换而分道扬镳或并肩而行，或者在下一站的站台紧挨着。

然后，在见不到面的时候，大家也各自在某个地方奔跑着。在同一个阶段，会有在各自道路上奔跑的小伙伴。我觉得那是很幸福的事情。我和别人有过下面的对话：

“你还在奔跑啊。我果然还是追不上你啊。”

“追不上也没关系啊。因为我们走的是不同的道路。”

人生的目的不是赶上别人，只要走好自己选择的路就可以了。然后，如果不停地奔跑，说不定还会在某个地方遇到旧日的小伙伴。

那个时候，对方笑容满面地告诉你，你真的走了一条很棒的路……也许这就是最好的人生。我希望能带着“在人生的某处会再次相见”的愿望一直奔跑下去。

不停地在自己选择的道路上奔跑下去，也许在别的地方还会与故人再见面。

42 害怕失去重要的人

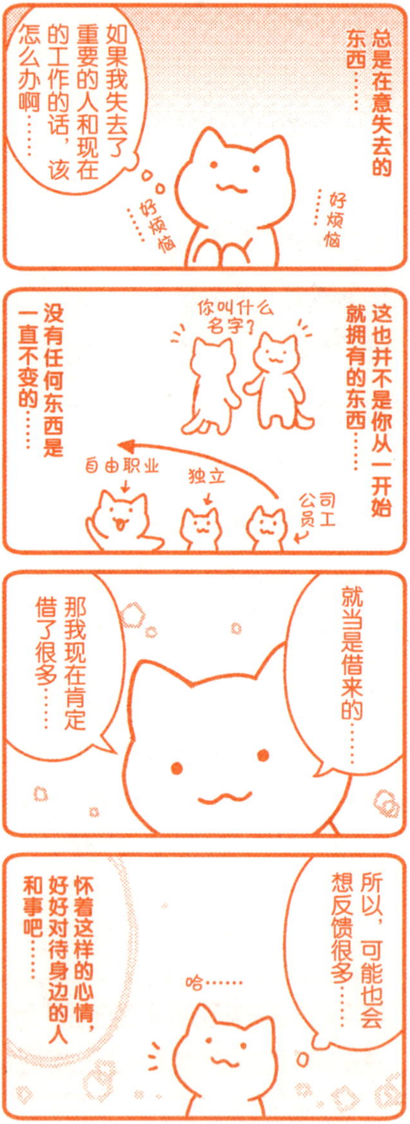
总是在意失去的东西……
如果我失去了重要的人和现在的工作的话，该怎么办啊……
好烦恼……
好烦恼……
这也并不是你从一开始就拥有的东西……
你叫什么名字？
公司员工
独立
自由职业
没有任何东西是一直不变的……
就当是借来的……
那我现在肯定借了很多……
所以，可能也会想反馈很多……
哈……
怀着这样的心情，好好对待身边的人和事吧……

我有过总是害怕失去的经历。

比如重要的人啊，工作啊，今后也会一直拥有吗?

我大多是在很顺遂的时候有这样的想法，感觉到自己拥有着什么。正是因为觉得拥有着什么，所以害怕失去。

在低谷的时候，没有失去的不安，我会想：相比现在，已经没有什么可以失去的了。

无论多么重要，都不是自己的。

现在获得的工作，也并不是从一开始就一直拥有着的。

任何人和事，都讲究一个“缘”字。

我认为把害怕失去的东西当作是借来的东西比较妥当。

一切都顺利的时候，可能借了很多，所以需要回馈的也一样多。

因为是借来的东西，所以我想好好珍惜，多多回馈。

试着把不想失去的东西想成不是自己的东西，而是借来的。

第三章

职场的烦恼

43 不擅长表达自己的意见

在很多人面前发言，比如在工作场合发表自己的意见，需要很大的勇气。

轮到自己发言时，有时会紧张得脑子里一片空白，完全想不起来要说什么。

因为工作性质的关系，我也参加过许多工作会议，在难以开口的场合会有一种“不让人说话”的氛围，或者让人感到“难以启齿”的神秘压力。

碰到过非常容易开口说话的情形，也碰到过一开口说话就会感到呼吸困难的情形，有时也会让对方处于一种很难开口说话的情形。

这时我就想到，造成难以开口的氛围的原因，在于大家对周围的人都不是很熟悉，所以我觉得也不用感到自责。

首先，试着向身边的前辈和容易说话的人表达意见，怎么样呢？

用对自己来说尽量轻松的方式，把“要表达的事情”变得理所当然，这样在公共场合说话可能就会变得稍微容易一些。

有时候，难以开口的氛围可能是别人营造的。

44 因没有别人表现得好而感到沮丧

将自己和别人进行比较，看到身边的人被称赞，有时会为“自己不行……”感到很沮丧。

我突然就想道：“为什么要去比呢？”

我觉得，这看起来好像自我评价很低，其实是相当高的。如果不认为自己也能达到那种程度，就不会感到沮丧。

真正感受到绝对差距的时候，会觉得对方很厉害，但不会觉得沮丧。

比如，你看到羽生结弦选手滑冰，你不会觉得“我滑不了这么好……”吧。自己认为自己具有能达到某种程度的实力，但没有做到，没有得到别人的肯定，才会感到失落。

试着以和自己接近的人为目标吧。

试着做那个人正在做的事情，如果能轻松做到的话，就进一步提高目标。小小的成就不断积累，自信也会增加，在感到沮丧之前，就能先感受到进步了。

在设定目标的时候，最好设定一个可实现的目标。

45

公司的人际关系令人疲惫

大多数人都经历过职场人际关系的烦恼。

我也因为这个原因而辞职过。

被别人折腾是一件很累的事情。人这一生在职场的时间相当长，站在无法过多反抗的立场上被过分地折腾，的确很累。

但是，在职场上拥有权力的人，只要还身处在职场中，就会让人觉得拥有绝对无法反抗的权力，可一旦离开职场，也只是个普通人而已。

除非是名人，一般情况下，公司以外的人根本不知道这个人的名字和职务。

如果是服务行业，下属因为职场骚扰而辞职。昨天还是被骚扰的对象，可能明天就是你的客户了。

“这个人也就只能在这里耍耍威风。”

这样想的话，对对方的看法和自己的接受方式可能也会发生变化。

离开公司，无论在公司里多么伟大的人，也只是个普通人。

46 即使知道是血汗工厂，也无法辞职

至今为止，我经历过各种各样的工作，有过几次碰到血汗工厂的经历。

压在身上的工作没完没了。

在这样的公司，我即使想辞职，公司也会想办法挽留。

从第一次进入血汗工厂工作，到成功辞职，我花了一年多的时间，身心俱疲。

之后又有好几次进入血汗工厂，但都能马上离开。

如果要说能马上辞职的情形和没法辞职的情形有什么区别的话，那就是我的知识量是不同的。

第一次的时候，我并没有意识到自己是在血汗工厂里工作，也完全没有法律方面的知识。

总而言之，对对方来说，我是“非常好对付的对手”。

根据我的经验，不少血汗工厂非常清楚从法律角度来说，哪些属于可操作地带，哪些属于违法范畴。

所以，虽然血汗工厂能不停利用“好对付的对手”，但是对于麻烦的“对手”，他们会想尽早解除协议。

在公司里，你可能会认为公司的规则就是整个社会的规则，但其实公司强调的东西并不一定是百分之百正确的。

从法律角度看，有许多值得商榷的地方。

因此，不要全盘接受，不要成为“好对付的对手”，有时也要持怀疑的态度，自己进行调查。

话虽如此，辞去工作需要很大的勇气和精力，我想也有很多人会选择忍受然后坚持下去。

即便是这样，真的很危险的时候，我希望你能够为了自己而停下来。

我认为没有绝对无法辞职的工作，只是做到辞职“并不简单”。

从法律角度来看，通过并不简单的步骤，公司没有权力阻止任何人离职。

再找一份工作，如果要求低一点儿，总能找到。

我周围也有因为工作上的原因而身心俱伤的人。

硬撑着最后倒下了或死了……公司也不会对你的生命和健康

有所补偿。

无论做什么事情都不容易。

但是，如果真的不想做的话，无论如何也没有办法停止的事情，也是很少的，我是这么觉得的。

公司说的并不一定是这个世界上正确的常识。

47 忍受不合理的工作和不公平的待遇

虽然忍耐有时候是必要的，但是承受本来不需要承受的压力，或者觉得承受了超出限度的压力时，请试着停下来。

被要求做与聘用条件不同的工作，受到领导的不公平对待，你是不是也会觉得“一定是因为自己的能力还不足……”而选择忍耐呢?

其实，忍耐本来就不是工作的一部分。

我经常听到“工资是忍耐的代价”这种说法，如果“必须忍耐的部分”属于“和本职工作无关的部分”，我认为那是原本就没有必要进行的忍耐。与其忍受工作的困难，不如忍受与工作无关的压力，这套说辞，我觉得很奇怪。

毕竟，即使进行了不必要的忍耐，也没有“忍耐补偿费用”。

如果因为忍耐过度而生病，进而导致无法工作，至今为止忍受的辛苦就全部白费了。保护好自己也是很重要的工作。

拒绝忍耐，守住自己的底线，也是一项重要的工作!

48 即使工作压力很大，也要坚持下去

大家从事各种各样的工作，所以从工作内容上讲，很少能引发共鸣。但“工作压力”却很容易成为大家的共同话题。

越是努力的人，越容易轻视自己的疲惫和压力。经常同情别人的遭遇，却没有意识到自己的忍耐，总说着“没关系”，然后硬撑过去。

过去，我也一直强忍着压力，结果得了神经性胃炎，再也笑不出来。所以，现在我真的希望那些强撑着的人能马上就意识到这一点。

关于如何缓解压力，我的解决方法是“制定期限”。“如果这种状态再持续×个月的话，就提出辞职申请吧。”

一想到有避难所，心情就会不一样了。之后，有确实辞职的情况，也发生过因为心情变轻松了反而工作持续下去了的情况。

当无论如何也改变不了压力巨大的情形时，首先请给自己制造一个避难所。

制订出承受这种压力到什么时候的“期限”。

49 感到身体不舒服

累的时候，我感到我的脑子和身体都不在一个频道上。

据说，休息比硬撑着效率高，我觉得这是对的。

发个小呆，就会不小心犯了平时不会犯的错误，结果效率下降了。越是平时习惯的事情，就越容易犯错。我经常在自动检票处拿出家里的钥匙，或者不小心将工作数据替换掉。

像这样，由于习惯和疲劳等原因，正在做的事情会无意中产生与目标不同的结果，这被称为“人为错误”。

虽然进行说明有点儿困难，但可理解为不是“因为累了，所以犯错”，而是因为“存在犯错的背景和原因”，所以发生了人为错误。

所以，不是“因为累了，所以休息”，而是为了不让那个原因发生，在“累之前就休息”，从而防止发生错误。

等到累了再休息就已经晚了，会像我一样的哦，请一定要注意。（笑）

不是“因为累了，所以休息”，而是“累之前就要休息”。

50 为是否继续现在的工作而烦恼

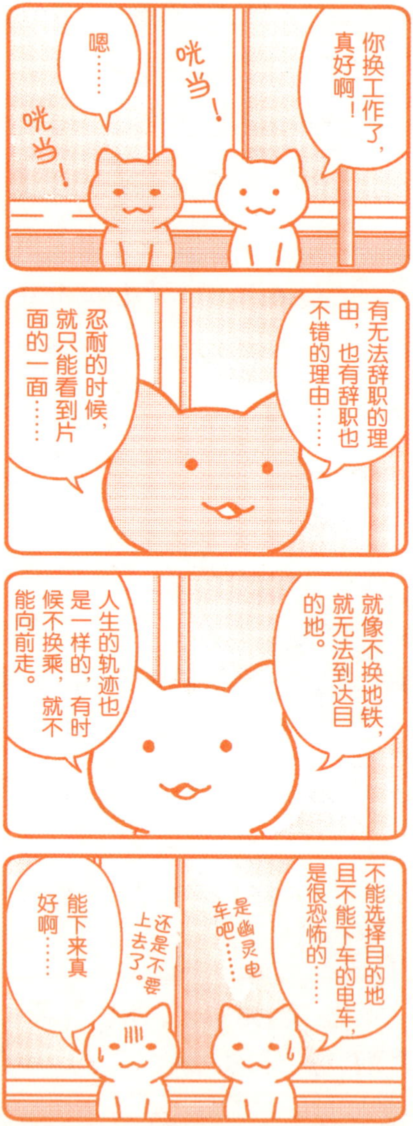

就像坐电车时，你不换乘就无法抵达目的地一样，在人生的轨道上，有时也需要换乘，否则就很难前进。工作有时也是如此。即使知道自己所在的公司是一个血汗工厂，却选择继续坐在那辆“电车”上……

想下车却有无法下车的理由时，不妨试着想想允许自己下车的理由。

如果你只能看到一个方面，那你真的会无法下车。

从之前乘坐的电车换乘，可能会发生之前一直是坐着，现在不得不站着的情况。可能会觉得很累。

人生中的艰难时刻有很多，比如想辞职而无法辞职时会伴随着相应的痛苦，不得不找下一份工作也是一种痛苦。

但是，如果从熟悉的、重复的风景中解放出来，看看新的世界……

我想你会看到一直坐在那里时所看不见的风光。

因为人生和电车都可以自己选择目的地，随时换乘。

有的地方，你不换乘就永远到不了。

第四章

自己的烦恼

51

对自己没有信心

没有自信的时候，
唉！
如果能想起过去有自信的时候，就好了。
快想起那些时候，
好厉害！
不不不，没有没有
好想要再一次拥有那种自信……
啊啊
啊啊
啊
自信这种东西，
自信
从没拥有过！
咆哮！
把原本就没有的东西弄丢了，这么说好像有点儿奇怪……
真是烦恼……
从来没有过也走到了现在。
唉！

偶尔会觉得一点儿办法也没有，对自己正在做的事失去自信。

在这种时候，我听说有一种解决方法，叫作“回忆一下过去有自信的时候就好了”。听说通过回忆那些时候，可以让现在的自己拥有自信。

“什么时候自己是自信的呢……”

“想起来了！在那个时候……把那个自信再找回来……”

如果非常冷静地想一下，我的人生即使在很顺利的时候，也不曾拥有过自信。我可以非常自信地说：“我从来没有自信过！”然后想到，把自己从来没有过的东西丢了，这不是很奇怪吗？于是就笑了。

“即使没有自信，也走到了现在。”

这么一想，心情就轻松多了。

自信这种东西，即使没有也没什么关系。

52 总是否定自己

无论如何只能看到自己的缺点的时候，
呜呜呜
反正我这样的人……
呜呜呜
尝试成为悲剧的主人公。
如果你把现实原封不动地写下来，
这个根本卖不出去，好吧！
独自一个人生活的无业女性，突然遭遇不幸
平凡的女性被杀害了！
所谓独立生活，只是美化之词？其实是一个过于普通、毫无长处的单身女性，独自生活。
素颜的照片
但如果你是悲剧的主人公，
非常好卖！
独立的事业女性突然遭遇不幸
美女老板被杀害了！
从事自由职业、社交活动丰富的她，社会信誉良好，周末经常和朋友聚会，生活充实。
美颜后，奇迹般的照片
想到角度不同，看法可以变成这样，
好……
不错！
最后来一句！
也许会有点儿自信？

在特别没有自信的时候，我有过一些幻想。

如果自己成了什么事件的受害者，或者如果有一个记者能把一无是处的自己写进畅销报道中，即使是边缘角色也没关系……

也许按照真实的自己进行描述的话，报纸会卖不出去，所以我觉得需要进行一定程度的美化。

比如，如果是“孤独的画家”，就美化成“独立且活跃的设计师”；如果是“女性”，就美化成“美女”；如果是“人际关系正常的人”，就美化成“人见人爱的受欢迎的人”。

把这些全部加起来做成报道，标题从“受害者是一个孤独的女画家，人际关系正常”变成“人见人爱、独立且活跃的美女设计师突然遭遇不幸……”

虽然自己想想觉得有点儿不好意思，但是如果改变视角进行夸奖，也未尝不可，不是吗？

这么一想，是不是多了一点儿自信呢？（笑）

试着从别人的角度，把自己的故事改编成电视剧看看。

53 即使被人夸奖，也无法坦然接受

我非常不习惯被人夸奖，当被夸奖了，会马上用“哪里哪里，没有那种事情……”来否定，甚至觉得自我评价低总比骄傲自大来得好。

但是，在别人称赞我的时候没有自信，有时也会造成对对方的不礼貌，这一点我是知道的。

有一天，我的朋友和我说，过分谦虚与对称赞你的人说“你没有眼光”是一样的。

一方面我没有自信，另一方面我充满自信地否定了对方的评价。

我为被夸奖的时候应该如何回应感到迷茫，朋友告诉我：“直接回答‘谢谢’，不是很好吗？”很简单的一件事。

我认为自信不仅仅是为了自己，对于评价我的人也是很重要的。如果你在没有自信的时候，能想起我说的这些话，那我会觉得很开心。

过分谦虚，就和说“你没有眼光”是一样的。

54 容易被别人的评价影响

在确定自己没有自信的事情的过程中，这件事就真的会变成你所不擅长的事。

比如，我不擅长画人物画，这也是我选择用猫咪画漫画的原因之一。但是，我以前很喜欢画人物画。

当我还是一个做游戏相关工作的新人时，当时的领导对我说："你不适合画人物，所以画背景吧！"当时我感到很沮丧，开始害怕画人物并被评价，从而开始逃避这件事，渐渐就不会画了。因为自己给自己写了"不会画人物"的剧本并且进行了演绎，所以真的就变成了这个样子。

但是，最近我决定重写剧本。"不管画得好不好"，那是新的剧本。（笑）如果是我的脑子里写的剧本，不喜欢就重写好了。让自己不擅长的东西越来越多是很可惜的事情。

即便我不是演员，不擅长的角色也可以大胆演绎的。

即便你不是演员，不擅长的角色也可以大胆演绎的。

55

不清楚自己的位置和价值

你为什么而活着？你又为了什么而活下去？

有时候，我会对自己的人生和价值进行宏观思考。

答案我可能一辈子也找不到，也许寻找答案的过程就是人生本身。这个时候，浮现在我脑海里的是拼图的拼片。

拼图有很多片，缺了其中任何一片，拼图的画面都无法完成。

这个画面就是我们的世界。虽然拼片们分别承担着各种各样的功能……但是，无论是什么样的拼片，只要缺少一片，这个世界就会有残缺。

就像寻找适合自己这一片的地方一样，寻找自己的人也在世界的某个地方。

这样想的话，为了填补这个充满空洞的世界，将这个世界连接起来，无论多么渺小的你，都是不可或缺的。

无论是谁，都是这幅世界拼图不可或缺的一片。

56 非常容易情绪低落

毫无理由地感到心情低落的时候……
心情低落……
累了，就好像是被『附身』了……
感觉抑郁
被附身的时候，就想象有一个『被附身的自己』
休想驯服我……
想想甩掉他的方法！
对了……
转动我的小脑瓜
比如，穿过寺庙门口，或者按一下铃……
铛！
超棒！
铛！
嘶嘶——
每做一件事情，就想象有一个『被附身的自己』离开……
把去了就能变轻松的地方，定为『净化点』。
差不多该去一趟了吧……
乌儿
嗯？
在疲劳感积累之前，赶走附在你身上的『你』，恢复精神。

莫名其妙地感到情绪低落的时候，在责备自己之前，我会强行转换心情。这时，我经常感到非常疲惫。

“疲惫”这种感觉，就像是“被附了身”。所以我累的时候，就把自己设想为“被附身的自己”，有什么东西附在了自己身上。

然后，把自己喜欢的地方定为“净化点”，设定“去那里就能变干净”，如果疲惫感积累过多，就去那里一趟，把它们赶走。

这里顺便提一下，我推荐的净化点是寺庙。也许是因为有守护它的森林，所以一进去，马上就能感到空气和温度突然发生了变化。

穿过寺庙门口就离开一些……按一下铃又离开一些……每做一件事，就告诉自己“附在自己身上的东西”正一点一点地离开……

最后是“好！变轻了！”，抱着丢掉了许多东西的心情回去。

有时，去喜欢的地方，也能重新振作哦。

选择一个净化点，赶走“被附身的自己”。

57 如果什么都不做，就会感到不安

偶尔我们有什么都不用做的日子和发呆的时间的话，会想很多事情。比如，会想：“现在是不是也有能做的事情呢？”

自己内心真正想做的事情是什么？不是还有别的事要做吗？

停下来的时间也是很重要的，但是总觉得必须做点什么……

也许人不擅长什么都不做吧。

想找的话，能找出很多该做的事。

尽管如此，我还是觉得，也许人生中有什么都不用做的时间，是一件很好的事情。

即使有应该做的事情，如果现在不做也能活下去的话，现在不做也没关系。

因为我觉得不用勉强去找，事情该来的时候自然就会来了……

所以，什么事都没有的时候，就什么都不用做。

因为并不是任何时候都非得做点什么事情的。

什么都不做的时间，也是人生中重要的时间。

58 因为小事而庸人自扰

心情疲惫的时候，去自然环境中待一会儿，哪怕是一小会儿。

空气清新得令人想哭，清风拂面的瞬间让人心旷神怡。

虽然说不出具体原因，但和自然接触就会有这种感觉。

不用去很远的地方接触自然，看看马路两边的树、杂草、头顶的天空都可以。

并不是说：在自然面前，自己的烦恼微不足道……

对于不那么达观的人来说，即使烦恼很小，也是烦恼。

我觉得比起和别人交流，心无旁骛地自己待一会儿，也许更能感到轻松。

比如和别人交流，对方的反馈里会有对方的主观因素，自己会猜测对方是什么想法，这反而会产生别的不安。

但是，在自然中无论想什么，都不会有任何反馈。那里只有自然而已。

也许到了自然中，疲惫、烦恼等原本不属于自己的东西，就会渐渐消失，渐渐逃走。

到了自然中，自己身体中不自然的东西会逃走。

59 突然被不安袭击

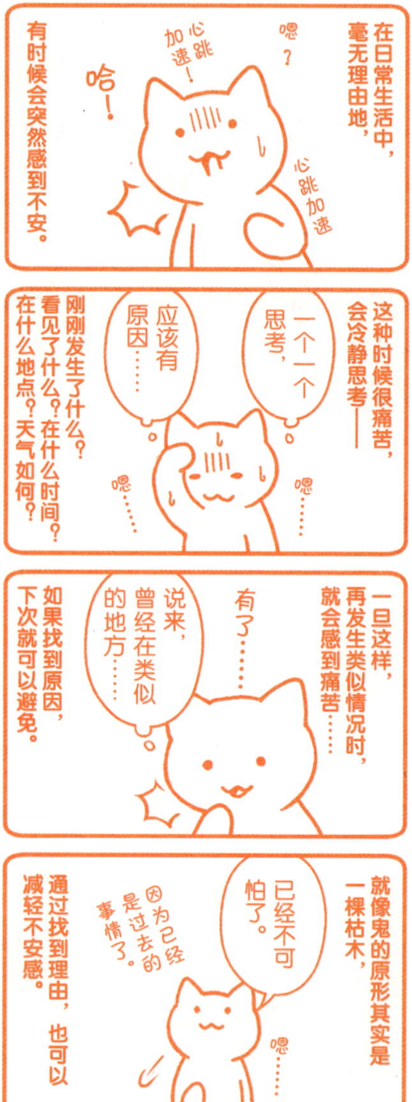
在日常生活中，毫无理由地，
嗯？
心跳加速！
哈！
心跳加速
有时候会突然感到不安。
这种时候很痛苦，会冷静思考——
一个一个思考，
应该有原因……
嗯……
嗯……
刚刚发生了什么？看见了什么？在什么时间？在什么地点？天气如何？
一旦这样，再发生类似情况时，就会感到痛苦……
有了……
说来，曾经在类似的地方……
如果找到原因，下次就可以避免。
就像鬼的原形其实是一棵枯木，
已经不可怕了。
因为已经是过去的事情了。
嗯……
通过找到理由，也可以减轻不安感。

偶尔会发生毫无原因但突然感到不安、心跳加速的情况。

我可能不能很好地形容，类似受到惊吓、身体发抖的感觉。

这种时候虽然很痛苦，但我还是会试着冷静地思考感到不安的原因。

于是我意识到，即使记起了过去的痛苦事件，或多或少也忘记了与之相关的一些情况。

知道原因后，就可以和之前的情景进行切割。举个例子，假设和恋人吵架并分手后从红砖大楼旁边经过，然后，过了一会儿，经过另一个地方的红砖大楼前时，突然会变得很难过。

但是，通过用“分手的理由和红砖大楼没有关系”的情景切割来说服自己，下次再经过红砖大楼前，就不会感到不安了。

虽然很多是不明原因的不安，但我认为，有的不安也能因为知道了原因而得到减轻。

有些不安，事先知道原因就能减轻。

60

对自己该何去何从感到迷惘

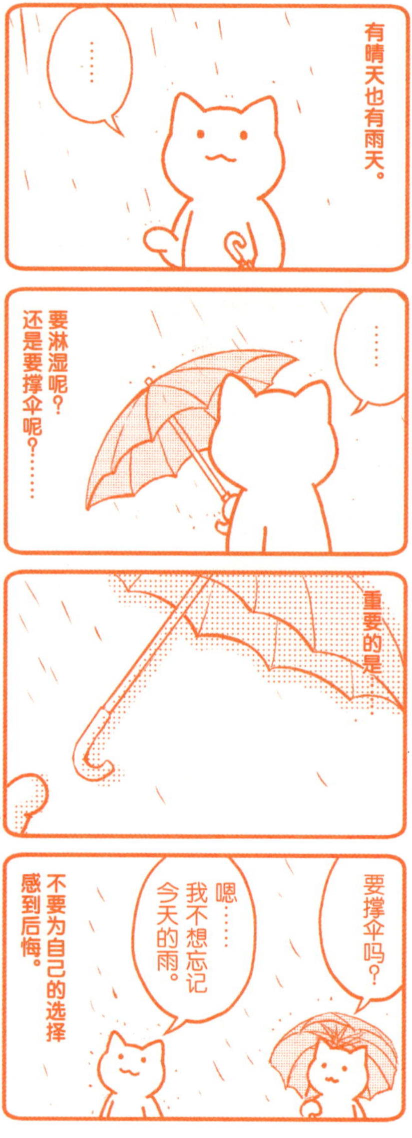

人生有时候会发生不选择轻松的路，而选择困难的路的情况。

以天气举例，选择晴天，路就好走；选择雨天，路上可能被淋得又冷又湿。

尽管知道这一点，在人生中，我有时也会选择雨天。

这种时候，我会想：“我现在需要这个。”

若注定是辛苦的选择，而不选择就会后悔的话，即使会有痛苦也会选择它，因为我知道那是只有在下雨天才能有的体验。

如果知道了被雨淋的感受，也就能理解被雨淋的人的心情。

你若能体会到晴天的精彩之处，也许就能想出抵御那场雨的方法。当然，我认为选择晴天也没错。

重要的不是选择了哪个就了不起，而是是否按照自己的意志去选择的。

只要是发自内心做出的选择，我认为答案都是正确的。

只要按照自己的意愿去选择，任何选择都是正确的。

61 把喜欢的事情和真正想做的事情推后了

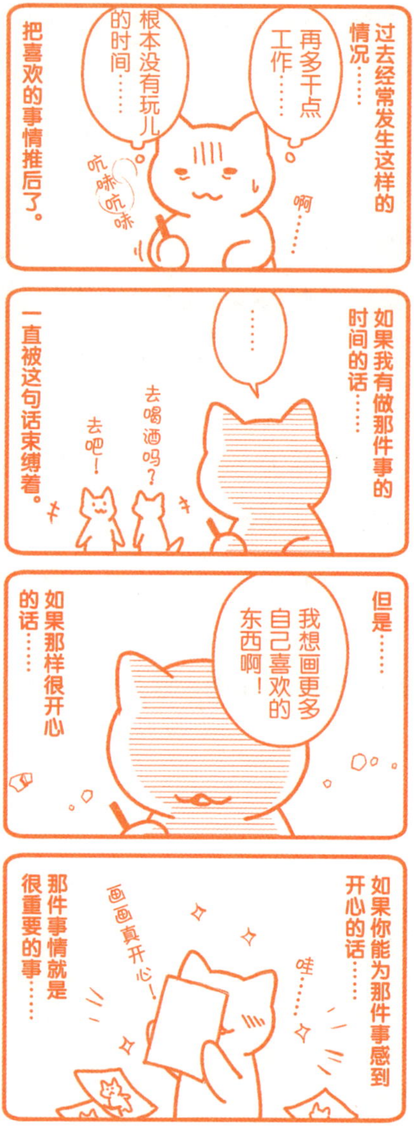

“如果我有闲暇做那件事的话……”

过去我一直被这句话束缚着。

现在，我一边从事本职工作，一边画画、写文章。从大学毕业后我成为公司职员，到现在已经过去十多年了，我一直过着忍着不做自己喜欢的事情、一天天忙于工作的日子。

我的本职工作是游戏美术设计师。

我的兴趣是画画，因为和工作时候画的画风格迥异，所以当时为了集中精力工作，放弃了画喜欢的画。我想，我如果有画不赚钱的、喜欢的画的时间，不如更专心地工作……我只画了工作需要的画，画到几乎讨厌画画的程度。

让我发生改变的是某个熟人的讣告。

那个人是那个时候唯一认可我原来的画的人。我曾经和那个人约好说：“我现在很忙，但我总有一天会继续画的。”

但是，我以为还有时间，突然就没有了。

那个时候我想：为什么要把喜欢的事情往后推，把它定义为

“那件事”呢？

如果能因为做那件事而感到开心的话，那么，那件事就是人生中很重要的事情。

因为好久没画自己喜欢的画了，和过去相比，画得没那么好了，但这个过程实在太幸福了，幸福到令人想哭。

我如今有了把爱好作为工作的机会，但以前，我的画既赚不了钱，也没有人看。可那时候，我真的好喜欢画画。

不能随心所欲地做想做的事情的日子，有一天会突然到来，无法再往后推。

生活虽然很辛苦，但自己可以选择重新开始。

“如果明天就会死去，你想做什么？”

定期问问自己这个问题。如果已经在做了，就要更加努力；如果还没有开始做，就要问“为什么”，并想办法去做。

不管有没有自信，不管别人如何评价，只要是自己喜欢、自己能感到快乐的事情，就想办法去做。

“那件事”对生活来说是很重要的事情。

一生中遇到的喜欢的事情，是其他事情无法代替的。

自己喜欢的“那件事”，是无法被替代的。

62 有想做的事情，但是没有做的时间

几年前，我对自己未来的道路感到迷茫。考虑到自己的年龄时，我会想相比做自己想做的事，不是更应该做能为今后的年轻一代做贡献的事吗？

抱着这样的想法，我辞别了工作十六年的公司，参加了新的项目，终于在将要走上正轨的时候，因某个事件而受挫了。

因为这件事，我意识到自己还是想实现梦想的。

如果继续做现在做的事，就抽不出时间实现梦想。但是，总有一天我会做的。我和别人交流这个烦恼的时候，总是说“总有一天，会有一天”这样的话。

“我想用自己的文字和画让人露出笑容”，这是我真正想做的事。多亏了这句话，才有了现在的我。

只要想做的事在往后延，就一直是“总有一天”的事。

虽然是很简单的话，但里面有我想传达的含义。请多做喜欢的事情。

只要你往后拖延，想做的事就一直是“总有一天”的事。

63

对回不去的过去无法忘怀、对看不见的未来感到不安

你是否有时会想起痛苦的过去，或者对看不见的将来产生莫名的不安呢？

痛苦和快乐的原因通常都在过去。但过去是无法改变的，并且未来也无法与自己所预想的百分之百吻合。

改变未来的行为十分重要。但是，如果因想到不好的结果而感到不安的话，我认为有必要做到不去想未来会发生什么。

在我们活着的时间里，能改变的最好时机也许就是“现在”，而且现在是马上可以改变的。

因为我们不是时间旅行者，我们无法控制过去和未来。

所以，如果要度过千篇一律的“现在”，我觉得哪怕是笑着度过也是好的。

笑着度过注定会成为过去的现在，未来自己想起的过去的时候，就会变成笑着的记忆。目前我正在这样做。

在活着的时间里，我们能改变的时机只有“现在”。

64

感到生活中都是痛苦

只要活着就会有痛苦。有时会心情沉重，或者感觉自己身处黑暗中；有时会觉得幸福的人和地方，就像在自己无法抵达之地闪耀着的光一样耀眼。

所以我想，既然人生中有光明也有黑暗，能对黑暗有所了解，也是一件好事。也许，一帆风顺的生活中会有许多东西你看不到。有人不知道什么是幸福，或许在痛苦的时候才能看到自己真正渴望的幸福是什么。

日后，也许还会有再次回到黑暗的一天，也许自己所向往的、发光的地点会发生变化。但我觉得这样就可以了，就这样一边迷惘一边前进就行了。

痛苦的时候请试着这样想：有一些东西，只有在痛苦的时候你才能看到它们；有些通往幸福的路，只有在痛苦的时候，你才能找到。

正因为知道痛苦的存在，所以才有可能找到幸福。

致：想要被爱的人

精神科医生 名越康文

当看到这本书的标题时，我不禁赞叹道："说得没错啊，真是绝妙。"①

那家伙一定正带着一副若无其事的表情，吃着冰淇淋。但这也是一件很可怕的事情，因为这不是说坏话的一方单方面的事情。

当然，被说坏话或被无心的话伤害得难受、烦恼的心情，更进一步说，由此引发的愤怒、不安，是不言而喻的。

虽然对方的行为可能只是相当于用火柴点燃的火苗，但当火苗蔓延开来，在当事人内心可能会燃烧到几万平方公里。

更可怕的是说出这样话的人的内心。我个人觉得，隐藏在表面之下的无意识的部分，其实对人的影响非常大。

如果从解剖学上理解无意识的话，我觉得可以把它比作

① 日文原版书名直译为《也许那家伙正在吃冰淇淋呢》。——编者注

大脑的最原始功能，是在人类还无法与其他动物进行区别的远古时期，大脑就具备的功能。

那个原始的大脑在现代人的心中也起着非常重要的作用，我认为也可以把它称为无意识（潜意识），但是这部分毕竟在人类明确意识到“自己”或者“自我”之前就存在了，所以它没有主语。

这到底是怎么回事？其实就是本想说别人的坏话，却作为说自己的坏话而无意识地积累，然后感到压力，进而给自己造成了伤害。

所以，如果通过贬低别人来排解情绪的话，不知不觉会让自己越来越狂躁。

“内心”其实是个很麻烦、很危险的东西，这个道理对我、对你、对任何人而言都是适用的。总是随身携带着这样危险的东西，在社交网络这个可以忽略距离和时间、将人与人连接起来的时空里行走，有些人可能会处于“心灵中毒”的状态。我认为二十一世纪是真正需要心灵手册的时代。

既然内心是如此麻烦的东西，那么只能交给专家吗？倒也不是那么绝对。

因为内心，最后只能由自己来研究。

这本书里写了很多作者多年来辛辛苦苦、绞尽脑汁想出来的种种“绝招”。

为什么说是绝招呢？因为我认为，应该把社交网站作为放松身心的工具适度使用，而不是全情投入地过度使用。适度很有必要，如何掌握适度，是一种“技能”。

另一方面，我认为书里所写的技巧，也完全适用于日常的人际关系。人的看法因人而异。无论懂多少道理，付诸实践都很难。

在二十一世纪，对于不想交往的人，不和他交往也没什么关系。尽管如此，和家人、领导或同学之间还是会存在各种各样的争执和压力。

这是因为我们与他们是共同体，有共享空间，因为经常在一起，所以发生摩擦的情况会比较多。

这个封闭的空间关系，我称之为“咬合关系”。

从古至今，如果距离太近，人和人之间就会发展成相互会咬到的关系。但现在，人类已经生活在这样的环境里：在社交网站上，几乎每天都会发生类似被路过的人突然咬一口的情况。

这本书中所写的内容适用于所有人，特别是平时就强烈地想被人“爱”或者“不想被人讨厌”，并因为这种欲望而痛苦的人。我希望大家都能读一下这本书。

我想它能治愈你在这个联系过密的网络空间里可能会产生的新伤口，防患于未然，哪怕效果很有限。

可以说，这是一本饱含作者关切与爱意的书吧。

后　记

非常感谢你阅读本书！

首先，请允许我向阅读本书的你、支持我的作品的各位朋友、给我出版机会的编辑以及出版社表示感谢。

后记应该写点什么，其实我比较迷茫……我想说一下与这次出版有关的、有点儿不可思议的缘分。

大约七年前，我对今后作品的发展方向感到迷茫。

之前一直在画绘本，想增加一些文字表达，但是这样做的难度也会提高。那时候，一个偶然的机会，我获得了一本《小王子》连环画（法国漫画版）。

我原来就很喜欢《小王子》，我感受到“因为是漫画，不擅长读文章的人也能很容易理解，真的很棒”。

那时，我突然想道：“啊！就用漫画和文章两种方式来书写吧！”

然后，七年前出版那本书的，是我要提到的Sanctuary（圣所）出版社。

原稿快写完的时候，我想为什么我从来没有和编辑说起这个事情呢，然后我就说了。

编辑露出了非常吃惊的表情，仿佛写那本书的人对编辑来说是恩师一般的人。我觉得这真是一个有缘的故事啊!

因此，我希望读了这本书的各位朋友，也能延续这不可思议的缘分。

愿这本书对你来说是应该遇见的一本书，就像有些人是为了相遇而相遇一样。

图书在版编目（CIP）数据

64种逆思维：帮你从社交坏情绪中轻松脱困 /（日）耶六著；寿梦丽译．—北京：北京时代华文书局，2022.5（2024.2重印）

ISBN 978-7-5699-4576-8

Ⅰ．①6… Ⅱ．①耶… ②寿… Ⅲ．①人际关系学－通俗读物 Ⅳ．①C912.11-49

中国版本图书馆CIP数据核字（2022）第048779号

北京市版权局著作权合同登记号 图字：01-2019-2380

64 Zhong Ni Siwei：Bang Ni Cong Shejiao Huai Qingxu Zhong Qingsong Tuokun

著　　者｜[日]耶　六
监　　制｜[日]名越康文
译　　者｜寿梦丽

出 版 人｜陈　涛
责任编辑｜薛　芊
执行编辑｜耿媛媛
责任校对｜初海龙
封面设计｜WONDERLAND Book design 仙德 QQ:344581934
版式设计｜迟　稳
责任印制｜訾　敬

出版发行｜北京时代华文书局 http://www.bjsdsj.com.cn
北京市东城区安定门外大街138号皇城国际大厦A座8层
邮编：100011　电话：010-64263661　64261528
印　　刷｜河北京平诚乾印刷有限公司　电话：010-60247905
（如发现印装质量问题，请与印刷厂联系调换）
开　　本｜880 mm×1230 mm　1/32　印　　张｜5.5　字　　数｜120千字
版　　次｜2022年7月第1版　印　　次｜2024年2月第8次印刷
成品尺寸｜145 mm×210 mm
定　　价｜42.00元